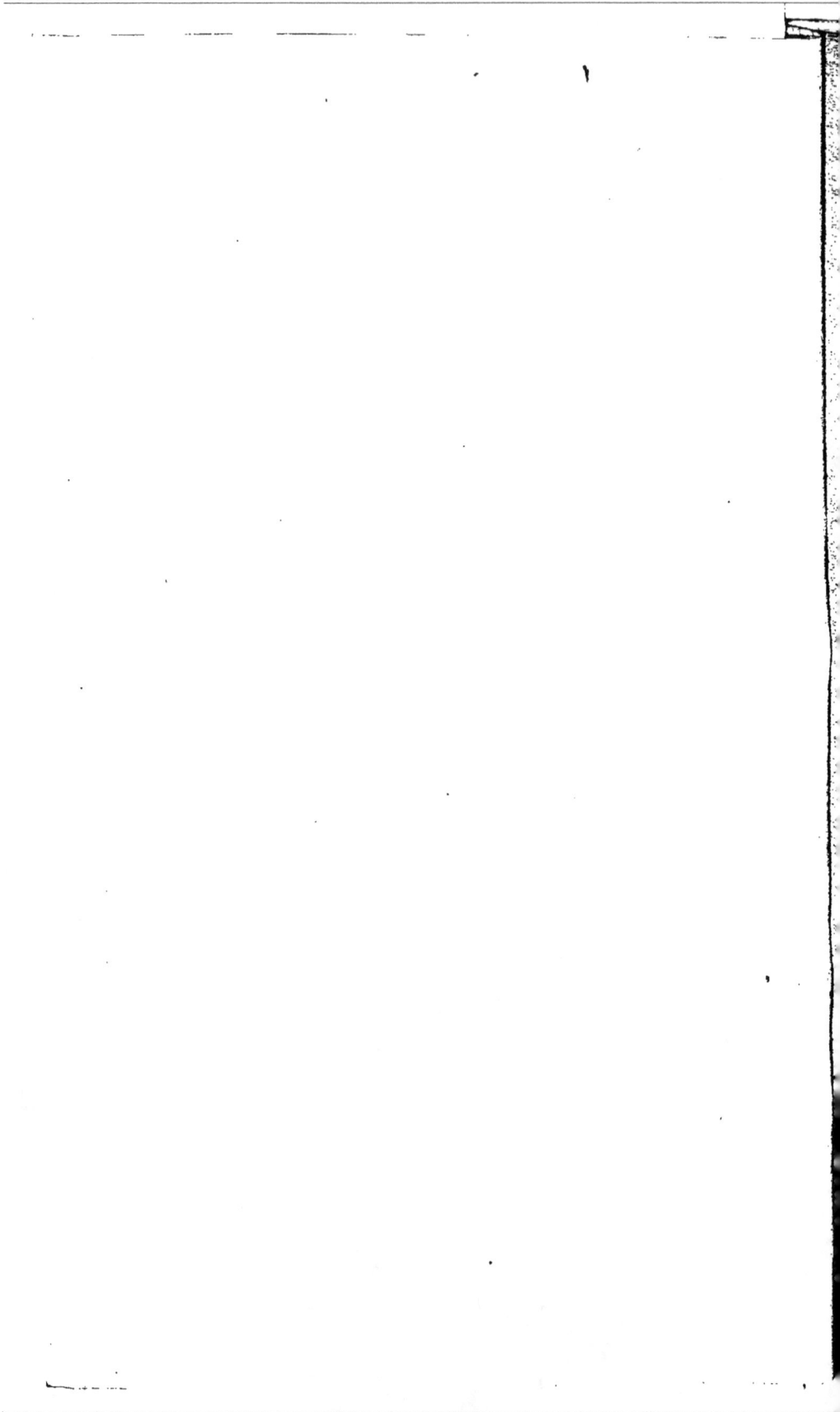

ILLUSTRATION BOULONNAISE

FRÉDÉRIC SAUVAGE

ET

SES INVENTIONS

(1786 - 1857)

SOUVENIR DE L'INAUGURATION DE SA STATUE

à Boulogne-sur-Mer, le 12 Septembre 1881

CETTE NOTICE, AVEC PORTRAIT ET AUTOGRAPHE

SE VEND PARTOUT

BOULOGNE-SUR-MER

Société Typographique et Lithographique, 63, rue Adolphe-Thiers
Directeur : N. BERR

1881

FRÉDÉRIC SAUVAGE

ET

SES INVENTIONS

(1786-1857)

SOUVENIR DE L'INAUGURATION DE SA STATUE

SE VEND PARTOUT

PORTRAIT AUTHENTIQUE

de

FRÉDÉRIC SAUVAGE

à l'âge de 48 ans

(D'APRÈS LE PHYSIONOTYPE)

Né à Boulogne-sur-Mer, le 20 Septembre 1786.

Mort à Paris, le 17 Juillet 1857.

FRÉDÉRIC SAUVAGE

ET SES INVENTIONS

Une dernière gloire manquait à Frédéric Sauvage, déjà si populaire dans la marine. Enfin, sa statue va se montrer, sur un piedestal digne de lui, au milieu de ses concitoyens, aux applaudissements du monde entier.

Connaissez-vous la vie de cet illustre inventeur, qui va revivre près des siens ? Avez-vous étudié les grandes conceptions de ce génie, dont l'image impérissable va être offerte à vos regards, en vue de la mer immense que sillonnent les bâtiments à hélice, près de cette petite rivière de Liane témoin de ses premiers essais, non loin de ces magnifiques carrières du Boulonnais où il a laissé des marques de sa fiévreuse activité ?

Quelques-uns se rappellent peut-être encore l'avoir vu à l'œuvre et ils ont suivi avec intérêt les péripéties de ses efforts en faveur du progrès. Les jeunes ont entendu maintes fois parler de lui, de ses ingénieuses inventions, de ses applications utiles, de son travail opiniâtre, de sa persévérance, de sa fin malheureuse.

Rassemblons ces souvenirs épars, entourons-nous de renseignements authentiques et, nous aussi, élevons un monument populaire à Frédéric Sauvage, pour que son histoire serve d'enseignement aux générations futures.

Pierre-Louis FRÉDÉRIC SAUVAGE, est né à Boulogne-

sur-Mer, le 20 Septembre 1786, d'une famille honorablement connue dans la marine marchande. Ses ascendants
étaient constructeurs de navires. Son cousin Louis publia
en 1830 un « Traité pratique d'architecture navale du
Commerce. » Parmi ses proches, on pourrait citer plusieurs intrépides corsaires, des marins expérimentés,
des sauveteurs, des négociants-armateurs, des ouvriers
habiles. C'est dire assez dans quel milieu il a été élevé.
L'intelligence, l'audace, la ténacité sont des qualités qu'il
a acquises parmi les siens. Il faut y ajouter cet esprit
d'observation si rare de son temps et ce don naturel d'invention qui n'est donné qu'à quelques natures d'élite.
Son instruction avait été poussée pour l'époque. Comme
caractère, il tenait à la fois du travailleur et de l'artiste.
Il maniait l'outil et se délassait en jouant du violon. Il
passait sans transition de ses calculs mathématiques à des
productions littéraires. Sa correspondance comme son
langage sortaient des lieux communs : un style hardi et
imagé, dont nous aurons l'occasion de citer quelques
exemples, rappelait son origine et avait une certaine
saveur du crû qui devait plaire à ceux qui l'approchaient.

Dans sa jeunesse, on devait pressentir ce qu'il serait un
jour. Soit en circulant sur le port ou à la côte, soit en
furetant dans le chantier de son père, partout il cherchait
à se rendre compte de tout. Ce n'était pas, comme certains
enfants, un terrible questionneur ; il agissait par lui-même,
étudiait chaque chose, la disséquait, recherchait les causes
et les effets, et cela l'amenait presque toujours à deviner ce
qui s'y trouvait de défectueux et par suite de quelle amélioration elle était susceptible. Plus tard, quand il travailla
dans l'atelier paternel, ses facultés essentielles d'observation se développèrent encore et lui firent trouver nombre
de tours curieux, de petits moyens pratiques, de systèmes ingénieux pour simplifier la besogne et perfectionner le travail.

Dans ses moments de loisir, — si l'on peut donner ce nom aux instants qu'il ne consacrait pas à l'atelier, — son esprit alerte était sans cesse en éveil. Dans une course à la campagne, le débitage, encore tout primitif du marbre, le fit songer. Une autre fois, sur le port, c'était en 1822, en voyant entrer et accoster à Boulogne le premier vapeur à aubes, il fut frappé des inconvénients de ce genre de construction. Sa verve originale le considéra de suite comme « une bourrique avec ses deux mannequins. » Déjà son intelligence était en quête des moyens de remplacer ces deux appendices si laids et si incommodes.

Mais nous voici arrivés au moment où le génie va s'éveiller et grandir, où l'esprit de progrès va livrer bataille aux habitudes routinières, où la lutte va commencer !

Pour donner un peu d'ordre à notre récit, groupons séparément ce que nous avons à dire sur chacune des principales inventions et applications de Frédéric Sauvage. La besogne sera plus facile et les lecteurs comprendront mieux.

RÉVEILLE-MATIN HYDRAULIQUE

Fort jeune encore, Sauvage ne rêvait que mécanique et de peur de donner trop de temps au sommeil, son premier soin fut de se construire un *réveille-matin*, dont l'eau était le moteur. Voici comment il le décrit lui-même dans sa correspondance, si curieuse et si intéressante à tant de titres :

« Ma première invention fut un réveille-matin ainsi conçu : j'avais fixé un cône en fer-blanc au bout d'une bascule ; l'extrémité inférieure de ce cône était percée d'un petit trou qui permettait à l'eau de s'échapper goutte à goutte ; un bout de la bascule était chargé d'un poids calculé pour enlever le cône vide, dans lequel je mettais l'eau nécessaire, avec des mesures combinées pour le temps que je voulais dormir ; au-dessus de ma bascule j'avais fixé six fleurets des plus faibles, au bout desquels j'avais monté des clochettes d'un accord parfait ; je bandais les fleurets qui se trouvaient retenus par un des bouts de ma bascule, de manière à laisser agir un échappement, quand le cône était vide ; il s'en suivait une détente qui mettait tout en branle et qui aurait été éveiller le diable, si toutefois le diable dort. Mon réveille-matin n'avait pas seulement le mérite de m'éveiller, car il avait encore celui de m'empêcher de dormir et bien des fois je n'avais pas encore fermé l'œil quand il faisait son tintamarre. J'avais tant de plaisir quand j'entendais les gouttes d'eau tomber avec mesure, que j'étais tout occupé sans songer à dormir. Quand l'eau était trouble et que l'espace de temps entre la chute des gouttes ne me semblait pas régulier, je me relevais, je disposais des filtres, je diminuais ou agrandissais le trou du cône : bref, j'étais plus occupé de cette affaire qu'on ne pourrait l'être pour une machine à vapeur de la force de 1000 chevaux.»

Ce ne fut là que le prélude de découvertes importantes qui devaient le mener tout droit à la postérité.

PROPULSEUR A MAIN

Nous voici en 1820, la foule est assemblée sur les deux rives de la Liane pour voir fonctionner une *chaloupe dont les avirons sont mus par une petite machine* d'une grande simplicité. C'est Frédéric Sauvage qui en est l'inventeur. La Commission de la Société d'Agriculture, du Commerce et des Arts de Boulogne est là présente et constate l'efficacité du procédé. Un seul homme est à la manivelle et les trois paires de rames fonctionnent à merveille : les *pales* sont automatiquement d'abord portées vers l'avant, enfoncées dans l'eau, puis tirées vers l'arrière et enlevées de l'eau. La marche est régulière, non seulement en ligne droite, mais dans toutes les directions, car la *nage* peut être suspendue d'un côté ou de l'autre à volonté, la *vire* s'effectue sans encombre et l'embarcation reprend sa route suivant un nouveau *rhumb*. La machine permet aussi d'*éviter* et d'*accoster*, car les rames, tournant avec les *tolets*, peuvent, au gré du *barreur*, se ranger le long du bord. La vitesse est constatée également au procès-verbal comme pouvant atteindre près d'une lieue et demie marine par heure.

Sauvage ne s'était certes pas préoccupé des essais de ce genre tentés le siècle précédent ; il ne pouvait connaître les comptes-rendus de l'Académie des sciences sur les résultats déjà acquis. Il a réellement inventé tout le mécanisme et grâce à son esprit sagace, tout en créant, il a évité les écueils reprochés aux anciens systèmes. Par intuition, il a employé ce qu'il y avait de bon et perfectionné les points faibles et les parties désavantageuses, pour former un tout vraiment ingénieux et pratique.

SCIAGE ET POLISSAGE DU MARBRE

Dès 1821, après d'heureux essais, Frédéric Sauvage établissait en grand ses nouvelles *machines à scier et polir le marbre,* à l'endroit même de l'exploitation des blocs.

On connait le travail insipide et parfois défectueux du débitage des pierres dures. Il y avait là des améliorations considérables à apporter. Sans entrer dans une description complète de la machine, qu'il suffise de savoir que dix lames (plus tard on en mit quinze) marchent en même temps et sont mues par un seul ouvrier qui, sans fatigues, fait six fois plus de besogne que par l'ancien système. En outre, le travail est plus parfait, à cause du mouvement uniforme et régulier du *va-et-vient* et par cette raison que le mouvement s'effectue toujours en tirant et jamais en poussant, en sorte que les lames ne peuvent sauter ni

osciller par l'effet de la résistance. De là, égalité d'épaisseur et fini de la tranche. Autre avantage, le point de
tirage n'étant plus fixe et s'abaissant avec les scies, on n'a
pas à se préoccuper de la hauteur des blocs. Enfin, le sable
et l'eau, ces deux auxiliaires indispensables, sont contenus
dans un coffre élevé au-dessus des scies : une soupape
maintient l'eau et la laisse échapper avec le sable, à la
volonté de celui qui dirige la machine.

Quant au polissage, qui s'opère comme on sait par un
frottement continu et prolongé, il est facile de comprendre
que la même machine peut être utilisée pour cette seconde
opération. Les *frottoirs* sont disposés sur un plan circulaire et ils peuvent fournir jusqu'à 120 carreaux ordinaires de dallage par 24 heures.

A la grande usine d'Elinghen, près Marquise, Sauvage
en joignit bientôt une seconde et son esprit, toujours en
éveil pour les perfectionnements, finit par leur appliquer
à toutes deux le vent comme moteur, ainsi qu'on va le
voir.

MODÉRATEUR DES MOULINS A VENT ET MOULIN HORIZONTAL

Dans sa séance du 10 octobre 1825, la Société d'Agriculture de Boulogne, qui avait eu déjà à s'occuper du *régulateur* ou plutôt du *modérateur pour les moulins à
vent*, inventé par Frédéric Sauvage, en constatait l'heureuse application dans la grande usine à débiter et polir le
marbre. Voici la description de l'appareil, extrait du
rapport de la Commission :

« Le régulateur est formé de deux planches réunies par des
charnières et maintenues l'une contre l'autre par un ressort d'une
force convenablement déterminée. Ces planches ont cinq pieds de
longueur, un pied de largeur au bout le plus large, huit pouces à

l'autre bout, et sont placées dans le plan des ailes et à leur extrémité qu'elles ne dépassent pas. L'effet du régulateur est facile à
saisir. Lorsque le vent est régulier, qu'il n'a qu'une vitesse ordi-
naire, les ailes tournent régulièrement et les planches ajustées
ensemble restent appliquées l'une contre l'autre et n'offrent aucune
résistance à l'air : leur installation, au contraire, tend à augmenter
la surface des ailes et à leur donner plus de puissance. Dès que
le vent devient plus fort, le mouvement de rotation s'accélère
proportionnellement, les planches s'écartent un peu et s'ouvrent
entièrement, c'est-à-dire autant que le ressort peut le permettre,
s'il survient une bourrasque ou une rafale ; mais alors, les planches ainsi écartées éprouvent une grande résistance contre l'air
qu'elles sont forcées de déplacer, et le mouvement de rotation se
trouve ainsi singulièrement ralenti : il serait même détruit tout-à-
fait, si les planches du régulateur avaient des dimensions suffi-
santes. Il résulte d'expériences que les régulateurs, tels qu'ils
sont installés à cette usine, réduisent d'un tiers environ la vitesse
de rotation dans les bourrasques. »

Une trop grande accélération de vitesse des *volants* ne
valait rien pour le travail du marbre. Dans le sciage, le
mouvement du *va-et-vient* se serait accru au point de tout
rompre. Dans le polissage, les carreaux, subissant l'effet
de la force centrifuge, se seraient forcément échappés et
auraient pu occasionner des accidents. Frédéric Sauvage
avait été ainsi amené à créer le *modérateur,* lequel, quoi-
que inventé pour un but spécial, pouvait être utilement
adapté à tous les moulins à vent en général, ainsi que le
constatait du reste la Commission.

Pour la petite usine, Sauvage avait installé un *moulin
horizontal,* afin d'obtenir un mouvement continu, quelle
que soit la direction du vent. L'idée n'était pas nouvelle,
mais sous l'inspiration de son génie, l'appareil s'était bien
vite perfectionné et merveilleusement approprié aux besoins
particuliers à satisfaire. Le modèle de *moulin circulaire
à air équilibré* nous a été conservé (voir au musée industriel de Boulogne). On y remarque que les ailes, au nombre
de huit, sont implantées de champ dans l'arbre vertical et
également espacées ; qu'elles sont un peu courbes et for-
ment deux rangs qui se recouvrent un peu. Par une dispo-
sition toute spéciale, les quatre ailes du bas sont placées

dans les intervalles des quatre du haut, pour que le vent, venant de l'extérieur, agisse plus efficacement sur elles et que l'air intérieur éprouve moins de résistance. Les huit pans de la clôture *octogonale* sont munis de volets qui, étant entr'ouverts, peuvent, jusqu'à un certain point, servir de *régulateurs*. Complètement fermés, les volets mettent le mécanisme à l'abri, quand l'usine est en repos.

PHYSIONOTYPE MOULEUR

Un instrument, désigné primitivement sous le nom de *physionomètre*, faisait son apparition en 1831 ; il avait pour but d'obtenir des ressemblances exactes d'une infinité d'objets : invention des plus utiles pour les arts du dessin, de la peinture et de la sculpture. C'était encore l'œuvre de Frédéric Sauvage.

« Cet instrument, dit un écrit du temps, est destiné à prendre, en un instant, le profil de grandeur naturelle, avec une soigneuse exactitude. L'on sait que dans l'art du peintre en miniature, en particulier, si les bons artistes abondent, les artistes d'un coup-d'œil assez sûr pour saisir invariablement les ressemblances sont très-rares. La plus brillante réputation n'est pas en ce genre une garantie. Combien donc doit sembler précieux un instrument commode, sans complication aucune, qui fait un jeu de cette invincible difficulté. La bonté de l'instrument de M. Sauvage vous a été démontrée par l'expérience, et cette preuve est la seule bonne ; car son inventeur a sculpté, à son aide, avec le plus grand succès, les portraits de plusieurs personnes. Tous sont frappants de ressemblance, et ce mérite concourt, avec le fini du travail, pour faire de ces miniatures, en marbre du pays, autant de petits chefs-d'œuvre. »

Le physionomètre, qui prit plus tard le titre de *physionotype mouleur*, est portatif. Il se compose d'une boîte en métal, à double enveloppe et à double fond. La partie intérieure est mobile ; elle est formée d'une énorme quantité d'aiguilles ou fils d'acier, de même longueur, placés debout et pouvant manœuvrer à travers deux plaques percées de petits trous très rapprochés. Après avoir poussé en avant ce noyau, à l'aide d'une tige centrale, de la hauteur maximum des reliefs à obtenir, il suffit d'y appliquer en plein l'objet à reproduire, — le côté de la figure d'une personne s'il s'agit d'un portrait en profil,— pour obtenir un modèle en creux parfait, car les fils s'enfoncent plus ou moins sous la pression exercée. En y introduisant une matière grasse (suif) que l'on fait circuler au moyen d'un courant d'eau chaude, on parvient ensuite par le refroidissement à souder toute la masse des fils, de façon à lui donner une rigidité suffisante. On peut alors ou mouler sur le vif, ou prendre toutes les dimensions nécessaires pour dessiner, modeler ou sculpter.

Il y avait des physionotypes de plusieurs dimensions et de formes diverses, selon l'importance des objets à copier. Le musée industriel de Boulogne en possède deux. Cet établissement a également obtenu de la sœur de notre illustre concitoyen, le portrait en médaillon de l'inventeur, d'après cet ingénieux système, et daté de 1834, alors que le brevet était exploité à Paris, 8, rue Vivienne. C'est ce portrait authentique qui est reproduit en tête de la présente notice.

RÉDUCTEUR ARTISTIQUE.

Après le physionotype mouleur vient le *réducteur artistique*, tous deux imaginés par le même auteur, conçus dans le même ordre d'idées et qui se complètent, pour ainsi dire, l'un par l'autre. En effet, le premier servait déjà à la reproduction artistique de grandeur naturelle ; le second permettait la réduction des œuvres de sculpture à une échelle quelconque. Le *réducteur* n'est, à vrai dire, qu'une application du *pantographe,* et pour cette raison nous

nous abstiendrons d'en donner une description détaillée ; mais que d'ingéniosités pour le faire servir à cet usage. Il ne suffisait pas d'installer verticalement l'appareil, il fallait plus que d'obtenir des contours, les pointes devaient encore marquer, à volonté et avec une exactitude rigoureuse, proportionnellement, toutes les aspérités et les enfoncements du modèle.

Le succès ne pouvait manquer de répondre à l'attente de Frédéric Sauvage, à cause des immenses avantages de l'invention nouvelle. Un membre éminent de l'Institut y voyait la possibilité de fonder dans les départements « une multitude de Louvres qui ne différeront, disait-il, que par les dimensions et nullement par le style, » c'était bien avant la mise en pratique du procédé Collas.

Le musée industriel de Boulogne possède un type de cet intéressant instrument, qu'il est facile d'étudier sur place.

SOUFFLETS HYDRAULIQUES, ETC.

Quant au *soufflet hydraulique,* pour lequel Frédéric Sauvage avait pris un brevet de 15 ans à partir du 8 avril 1847, il ne paraît pas avoir été apprécié selon son mérite. Malgré la simplicité de combinaison de cette machine, l'usage ne s'en est pas propagé et elle a fait place comme beaucoup d'inventions à d'autres plus nouvelles, qui ne sont fort souvent que des imitations soi-disant perfectionnées. Le petit modèle conservé au musée industriel de Boulogne donne une idée imparfaite de la conception de l'auteur et n'explique pas suffisamment le parti qu'on peut en tirer. Ces deux soufflets accolés sur le même plan horizontal et mus comme une pompe à incendie devaient alternativement aspirer et refouler l'air avec une grande régularité et produire des résultats proportionnés à la force motrice. L'ensemble de l'installation avait surtout cet avantage d'être des plus économiques, tant dans sa construction que dans son entretien, ce qui est un point capital.

On a aussi parlé de *pompes ascendantes et d'épuisement portatives*. Elles semblent n'être autres que le soufflet hydraulique lui-même appliqué à ce but particulier.

APPLICATION DE L'HÉLICE PLEINE SIMPLE A LA NAVIGATION A VAPEUR

L'invention qui prime toutes les autres et qui devait conduire son auteur à la postérité, c'est l'utile application de l'hélice faite par Frédéric Sauvage pour la navigation à vapeur. Comme toutes les grandes découvertes, le point de départ était bien simple : les divers mouvements d'impulsion produit par la queue des poissons et, par imitation, la manœuvre de la godille pour la conduite d'un canot. Avec un esprit observateur transcendant, une perspicacité rare mise au service d'une imagination exaltée par des études spéciales, notre célèbre boulonnais devant tirer de ces éléments primitifs une œuvre grandiose et durable qui était appelée à révolutionner la marine.

Mais, se sont écriés ses adversaires, il n'est point l'inventeur de l'hélice. Non, cent fois non, la Nature l'avait créée avec le monde ; Archimède en avait déjà, dans l'antiquité, tiré une figure géométrique. Sauvage se plaît lui-même à énumérer tous ceux qui, avant lui, ont essayé d'en tirer un parti quelconque.

En 1727, Duquet avait fait usage de l'hélice pour remonter les fleuves. En 1746, Dubost l'avait substituée aux roues des moulins. En 1768, Paucton l'avait appliquée à la propulsion des navires. en employant l'équipage comme moteur. En 1792, le général Meunier l'avait encore ap-

pliquée aux ballons. Le célèbre Francklin en avait aussi
fait l'objet d'expériences sur la Seine. Bien d'autres encore,
après eux, mais avec aussi peu de succès.

Le difficile était de trouver le moyen d'employer l'hélice
dans les conditions les plus favorables et c'est à Sauvage,
à lui seul, que revient cet honneur. Malgré les essais de
perfectionnement tentés après lui, il n'a jamais dévié de
son idée première, qui était la bonne. Il le rappelle en ces
termes, dans une lettre datée du 7 janvier 1846 :

« Ma première idée fut de renfermer, par une paroi hélicoïde,
l'espace que parcourt une godille qui fonctionne sur un angle de
45 degrés, cela forme l'S, la lettre initiale de mon nom, et une
hélice d'un diamètre égal à sa longueur.

» Le pas de l'hélice Dallery est à son diamètre comme 1 à 1.85,
c'est-à-dire d'une longueur presque moitié de la mienne. Il est
évident que si on suppose une godille dans le milieu d'une telle
surface, elle se trouvera dans une position à peu près perpendi-
culaire et son action sera peu sensible.

» On m'a longtemps opposé l'hélice décrite dans Trégold qui a
pour longueur cinq fois son diamètre : elle a le défaut contraire de
celle de M. Dallery, car la godille serait à peu de chose près dans
une position horizontale, ce qui revient au même. » (1)

Il est intéressant de remonter au premier essai de l'hélice
Sauvage, fait à Boulogne le 15 janvier 1832, devant une
Commission d'hommes compétents, dont le rapport a été
heureusement conservé. En voici un extrait :

« Sur un petit bateau de 271 millimètres (10 pouces) de longueur
de tête en tête, 108 millimètres (4 pouces) de largeur, et 68 millimètres (2 pouces 6 lignes) de creux et tirant 63 millimètres (2
pouces 4 lignes) d'eau, il (l'auteur) a successivement appliqué les
roues actuellement en usage, dans les proportions convenables à
la grandeur du bateau et le mécanisme de son invention ; puis au
moyen d'un appareil approprié à l'expérience, il a fait mouvoir la
petite embarcation dans un canal artificiel d'une longueur suffisante à son objet.

» Le bateau, tout gréé, pesait 545 grammes et déplaçait 544,61
centimètres cubes (27 pouces cubes 46 centièmes) d'eau ; il fut
mis en mouvement d'abord avec les roues à aubes et au moyen
d'un poids de 19 grammes, appliqué à l'axe des roues ; il parcourut moyennement, en une minute, 2 mètres 362 millimètres
(7 pieds 3 pouces 3 lignes) ; les roues enlevées et remplacées par

(1) Il en est de même de l'hélice du fermier Smith.

le nouveau mécanisme, le bateau chargé de même et mu par le même poids, parcourut aussi moyennement, en une minute, 7 mètres 244 millimètres (22 pieds 3 pouces 7 lignes), d'où il résulte une vitesse trois fois plus grande. »

Ce petit modèle est exposé au Musée industriel de Boulogne.

N'était-ce pas là une expérience concluante pour la comparaison avec les bâtiments à aubes ? On a vu plus haut les défauts des hélices simples qui n'avaient ni les proportions ni l'inclinaison de celle de Sauvage. Les imitateurs allèrent plus loin, ils essayèrent les hélices fractionnées ou les accouplements anormaux.

Sur un modèle construit à titre d'expérience, également exposé au Musée Industriel, Frédéric Sauvage y a laissé, en une note autographe et signée de lui, son opinion sur ces imitations hors de sens. Elle est bonne à publier, la voici :

Avant de déterminer la paroi de mon hélice, j'ai représenté une rame en godille dans la position la plus favorable, 45 degrès, et j'ai fait passer la ligne supérieure de mon hélice en dehors de l'espace qu'elle doit parcourir, ce qui forme une hélice ayant en diamètre à peu près la longueur de son axe. Il est certain que deux hélices semblables tournant en sens inverse produisent exactement l'effet de la godille. Si la rame avait deux ou trois pelles, pourrait-on la conduire aussi facilement ? Plus on fractionne l'hélice, plus elle perd de sa puissance. C'est la même chose que si on fendait en deux ou trois les ailes d'une mouche, prétendant qu'avec six elle doit mieux voler qu'avec quatre, ou avec quatre mieux qu'avec les deux que la nature lui a données.

Fᴿⁱᶜ Sauvage.

L'expérience a démontré plus tard ce qu'il y avait de logique dans cette manière d'apprécier. Le fait est raconté par un journal du Havre, en date du 12 novembre 1845, pour donner une idée de la supériorité de l'hélice simple sur l'hélice fractionnée :

« Un petit bateau à vapeur, l'*Ariel,* avait une hélice double. En sortant de Pont-Audemer, ce navire reçut une forte secousse, dont la cause ne fut connue qu'à son arrivée au Havre ; c'était la deuxième aile de l'hélice, celle qu'on ajoute à ce propulseur pour qu'il ne ressemble pas au propulseur breveté de Frédéric Sauvage et, par conséquent, pour ne pas payer une redevance au brevet. C'était cette aile inutile qui, en route, avait été détachée de l'arbre. Le bateau n'avait pas perdu un demi-nœud de sa marche pour cela ; au contraire, on crut remarquer plus d'agilité, plus de régularité dans ses mouvements. »

On l'a constaté maintes fois depuis, toute la force d'impulsion est donnée par la première section de l'hélice ; le reste de la révolution ne peut qu'en amoindrir l'effet.

Les essais officiels ne donnèrent également que des résultats incomplets, tant qu'on voulut scinder ou amplifier l'hélice naturelle. Pour ne pas laisser à Sauvage l'honneur d'une réussite certaine, on avait modifié son système et il ne put l'empêcher.

Heureusement, depuis longtemps la discussion est close et justice a été enfin rendue au mérite. (1)

Résumons, pour finir, tous les avantages résultant de l'emploi de l'hélice, qui sont :

1° De pouvoir utiliser tout l'espace occupé par les anciennes roues à aubes ;

2° De placer le propulseur à l'abri des abordages et du feu de l'ennemi, en temps de guerre ;

3° D'obtenir, par son immersion constante, une parfaite régularité de fonctionnement, malgré le roulis et le tangage ;

4° De permettre l'emploi complémentaire de la voile, par le vent de travers et au plus près ;

(1) Frédéric Sauvage avait également pris un brevet pour une *hélice agissant sur l'air.* Ce devait être vers 1836, après des expériences faites sur la Seine. Le musée industriel de Boulogne vient de s'enrichir d'un petit modèle de ce système, grâce à une nouvelle libéralité de M. Pierre Sauvage (d'Abbeville), neveu de l'inventeur.

De plus, au moyen de l'hélice pleine simple :

5° D'acquérir une augmentation fort notable de la force motrice ;

6° Et, par suite, un accroissement marqué de vitesse.

————

Devons-nous retracer ici les souffrances, les déboires et les déceptions que Frédéric Sauvage a endurés pendant cette longue période de luttes en faveur de son système d'hélice et de plusieurs de ses autres inventions? Laissons ce soin à ses biographes attitrés et, dans ce jour de fête, n'assombrissons pas le tableau.

Rappelons seulement ses **derniers travaux.**

Au Havre, étant enfermé pour dettes, l'inaction lui aurait pesé tout autant que la perte de sa liberté. Avant tout, il lui fallait de l'air et de l'occupation intelligente. Il y était parvenu, malgré tous les obstacles. C'est Alphonse Karr qui nous l'apprend, en rappelant l'une de ses visites à l'illustre martyr.

« J'allais, dit-il, voir Sauvage dans sa prison ; il s'était parfaitement installé ; seulement comme il étouffait dans une chambre fermée, il laissait ouverte la nuit la fenêtre de sa cellule ; mais les chiens de la prison aboyaient avec fureur contre cette fenêtre ouverte ; on lui enjoignit de fermer sa fenêtre ; il essaya d'obéir, mais se sentant suffoqué, il se levait, ouvrait la fenêtre pour humer un peu l'air, et les molosses recommençaient leur vacarme.

» Il prit un couteau et un morceau de bois et fit une machine qui, lançant de très loin aux chiens de l'eau et des boulettes de terre, les obligea à se réfugier dans leur niche et les réduisit au silence. Il était heureux comme un roi de ce triomphe.

» Depuis qu'il est en prison, il joue du violon : des cordes qui se cassent, il fait toutes sortes de machines ingénieuses. Je trouvai sur sa fenêtre un bassin fait avec une feuille de zinc; dans ce bassin était un bateau construit avec son couteau; il avait trouvé un moyen de diminuer et de réduire presque à rien le poids d'un bâtiment à remorquer. »

Voilà encore une de ces conceptions entrevues sans doute dans sa jeunesse, délaissées pendant les combats de sa vie agitée et reprises dans le calme d'une réclusion forcée.

Pendant ce temps il s'occupait aussi de poésie. D'une pièce écrite sous les verroux, nous en extrayons les vers suivants :

> Si l'amour du progrès vous pousse et vous anime ;
> Consultez vous longtemps ; aimez-vous les tracas ?
> Pourrez-vous résister à tout ce qui chagrine ?
> Autrement, croyez-moi, Français, n'inventez pas,

Il ne peut cependant s'empêcher d'ajouter :

> Mais, malgré les tracas, les tourments et l'envie,
> L'inventeur patient dominera toujours :
> Et vouloir étouffer le vrai feu du génie,
> C'est vouloir arrêter un fleuve dans son cours.

N'allons pas plus loin et pour résumer toute la vie de Frédéric Sauvage, rappelons le portrait si vrai et si touchant qu'en a tracé la *Revue Européenne* :

« Rien ne manque à cette belle figure d'inventeur : ni
» la fécondité des conceptions, ni le rude labeur, ni la
» grandeur du résultat obtenu, ni enfin cette trempe vigou-
» reuse de caractère dont il a donné la preuve à travers
» les difficultés, les déceptions et la ruine, jusqu'au mo-
« ment où, parvenu à la vieillesse, il a fait une première
» halte dans la folie avant de trouver le repos dans la
mort. »

Frédéric Sauvage est décédé dans la maison de santé de Picpus, le 17 juillet 1857.

Il revit aujourd'hui au milieu de ses concitoyens, entouré d'une brillante auréole, qu'on ne saurait lui ravir, car il a bien mérité de la PATRIE *et de* l'HUMANITÉ !

Société Typ et Lith. de Boulogne/Mer.

www.ingramcontent.com/pod-product-compliance
Lightning Source LLC
Chambersburg PA
CBHW070756280326
41934CB00011B/2953